Inhalt

Werbung erwünscht - Anzeigenzeitungen im Aufwind

Kernthesen

Beitrag

Fallbeispiele

Weiterführende Literatur

Impressum

GENIOS WirtschaftsWissen Nr. 12/2007 vom 03.12.2007

Werbung erwünscht - Anzeigenzeitungen im Aufwind

K.Zirkel

Kernthesen

- Während viele Tageszeitungen um Überleben kämpfen, sind zweistellige Renditen bei Anzeigenzeitungen die Regel.
- Die Anzeigenblätter konnten 2006 ihren Umsatz auf 1,9 Milliarden Euro erneut steigern das entspricht einem Plus von 2,4 Prozent im Vergleich zum Vorjahr. Zudem wuchsen zum vierten Mal in Folge die Nettowerbeeinnahmen, die Gesamtauflage der Anzeigenzeitungen stieg um zweieinhalb Prozent auf 88,6 Millionen Exemplare.

- Das Image von Anzeigenblättern und die Akzeptanz durch Leser und Inserenten bessert sich zusehends.

Beitrag

Immer mehr Menschen lesen Anzeigenblätter. Ihr Erscheinungsbild und Image hat sich in den vergangen Jahren zum Positiven gewandelt. Auch für die Anzeigenkunden wird das Geschäft mit den Gratis-Titeln immer interessanter.

Die Verleger von Anzeigenzeitungen haben allen Grund zur Freude. Nach Angaben des Bundesverbands Deutscher Anzeigenblätter (BVDA) stieg 2006 der Umsatz der Anzeigenzeitungen mit 1,9 Milliarden Euro um 2,4 Prozent im Vergleich zum Vorjahr an, auch die Nettowerbeeinnahmen legten zum vierten Mal in Folge zu. Treiber war das Geschäft mit den Anzeigenbeilagen, das 695 Millionen Euro einbrachte damit verdienten die Verlage durch beiliegende Prospekte rund jeden dritten Euro. 1 374 Titel sind derzeit auf dem Markt, das sind 24 mehr als im vergangen Jahr, zugleich stieg die Gesamtauflage der Anzeigenblätter um zweieinhalb Prozent auf 88,6 Millionen Exemplare an. Damit entfallen auf jeden der 39 Millionen Haushalte in Deutschland pro Woche mindestens zwei Titel.

Laut Allensbacher Werbeträger Analyse 2006 (AWA) bewegen sich auch die Kriterien Akzeptanz und Nutzung von Anzeigenblättern weiter auf hohem Niveau: Mit einer Reichweite von 42,4 Millionen Leser schmökern zwei von drei Erwachsenen ab 14 Jahren in einer Anzeigenzeitung.

Ein großer Teil der Gratisblätter gehört zu den Zeitungsverlagen. Wo die kostenlosen Zeitungen früher oft als lästiges Anhängsel der Verlage betracht wurden, sind sie inzwischen für viele Häuser zu einer Art Lebensversicherung geworden: Ihr Anteil am Gesamtumsatz der Verlage ist auf ein Drittel gewachsen, zweistellige Renditen sind häufig die Regel.

Auch das Image von Anzeigenzeitungen hat sich in den vergangenen Jahren zum Positiven gewandelt. Nicht zuletzt, weil Verlage immer größeren Wert auf die Qualität der redaktionellen Beiträge legen der redaktionelle Teil von Anzeigenblättern liegt zwischen 30 und 40 Prozent. Ein kleines Manko haftet ihrem Image jedoch an: Die kostenlose Zustellung erweckt bei vielen Lesern den Eindruck eines minderwertigen Produkts, das Bild von schimmelnden Papierstapeln in dunklen Hauseingängen ist noch immer präsent. [(1)], [(2)], [(3)], [(7)]

Inserate von großer Reichweite

Nichtsdestotrotz - die Allensbacher Markt- und Werbeträger-Analyse 2007 und die aktuelle Studie Anzeigenblattqualität kommen zum selben Ergebnis: Anzeigenblätter sind gefragter denn je, werden viel und gründlich gelesen. Nach einer Studie des BVDA nehmen sich die Leser an Wochentagen durchschnittlich 25,5 Minuten Zeit dafür, am Wochenende sogar noch mehr. 43 Prozent der Leser schlägt mindestens drei Viertel aller Seiten auf, 29 Prozent etwa die Hälfte aller Seiten, 82 Prozent lesen im Durchschnitt fünf von sechs Ausgaben.

Die Gratis-Titel sind vor allem für die Vermittlung von regionalen Informationen und Werbung hervorragend geeignet - im lokalen und regionalen Raum sind Printmedien Informationsträger Nummer eins. Ihnen kommt zu Gute, dass sie eine zielgenaue Aussteuerung bis auf Stadtteilebene ermöglichen und auch an Haushalte mit Werbeverweigerer-Briefkastenaufkleber zugestellt werden dürfen. Sie versuchen immer häufiger die Lücke zu füllen, die die rückläufigen Tageszeitungsabonnements hinterlassen. Beliebt sind die Gratis-Titel nach Aussage der Studie Sensor Anzeigenblätter 2004 vor allem aus folgenden Gründen: Sie sind kostenlos, enthalten lokale Informationen, gelten als informativ, seriös, vielfältig, übersichtlich und sympathisch wenn auch nicht als sonderlich kritisch. Anzeigenbeilagen, Kleinanzeigen und Informationen über kulturelle Veranstaltungen sind bei den Lesern besonders hoch

im Kurs. Als störend wird die Werbung nicht empfunden, im Gegenteil. Die meisten Leser finden, dass Anzeigenblätter auf gute Angebote aufmerksam machen und man viel über die Stadt/Region erfährt. Anzeigenzeitungen sprechen auch die für Werbungtreibende attraktive, aber schwer erreichbare Zielgruppe der 14- bis 29-Jährigen (insgesamt 6,6 Millionen Leser) an, während die regionalen Abo-Tageszeitungen in dieser Altersgruppe Leser und Auflage verlieren. Auch an die für die Werbewirtschaft interessante Zielgruppe Familien mit kleinen Kindern (3,3 Millionen Leser pro Ausgabe) kommen Anzeigenblätter besser heran als die Abo-Zeitungen (65 Prozent).
Ein breites Vertriebsnetz sorgt dafür, dass 96 Prozent der Leser das Anzeigenblatt regelmäßig erhalten. Damit setzt sich die Leserschaft der Gratis-Titel fast so zusammen wie die gesamte deutsche Bevölkerung.
(1), (5), (6)

Die Zahl der Werbungtreibenden, die erfolgreich und dauerhaft in Anzeigenblättern inserieren, wächst stetig. Einer der wesentlichen Gründe für den Erfolg dieses Werbeträgers ist die nahezu hundertprozentige Marktabdeckung. Anzeigenblätter erreichen als Massenmedium viele Menschen und das Preis-Leistungs-Verhältnis ist bei der hohen Haushaltsabdeckung auch für kleinere Händler und Gewerbetreibende attraktiv: So können Werber

beispielsweise für das Budget eines überregionalen TV-Spots in Nordrhein-Westfalen mehrere Anzeigenzeitungen mit ganzseitigen Inseraten belegen - wer also vor Ort seinen Absatz fördern will, kommt an Anzeigenblättern nicht vorbei. Entsprechend ist das Ziel der Gratis-Titel die angebotsorientierte Anzeige oder Beilage, nicht die Imagewerbung. Ziel ist der Aufbau hohen Werbedrucks und die Generierung zahlreicher Kontakte. Denn zu Anzeigenblättern greift der Leser - anders als bei Tageszeitungen - , weil er gerade hier Anzeigen und Werbung vermutet. Über die Hälfte der in einer Studie befragten Leser schauen sich gerne Werbung in Offertenblättern an, ja werbliche Kommunikation wird von den Lesern als Teil des Informationsangebots aufgefasst. 62 Prozent interessieren sich für Lebensmittelbeilagen, gefolgt von Kleidung (47 Prozent), Baumärkten und Kaufhäusern (jeweils 40 Prozent).
Wichtigster Kunde der Anzeigenblätter ist der Handel, der unter hohem Abverkaufsdruck steht. Entsprechend orientiert sich der Erscheinungstag von Anzeigenblättern an den Bedürfnissen des Handels. Zwei von drei Anzeigenblättern erscheinen mittwochs, am Wochenende wird knapp ein Drittel aller Anzeigenblätter publiziert. (1), (4)

Werbung, die wirkt

Folgende Kriterien sollten Werbungtreibende vor der Anzeigenschaltung berücksichtigen:
- Ist der Titel in der Region oder dem Stadtteil bei Lesern/Inserenten etabliert? Wann wurde er gegründet? Wie groß ist der Seitenumfang?
- An welchem Wochentag entscheidend für das Abverkaufsdatum erscheint sie? Sind die Mediadaten transparent?
- Wie ist es um die Layout-, Papier- und Druckqualität bestellt?
- Von welcher Qualität ist die Redaktion? Wie groß ist ihr Gewicht gegenüber Anzeigen? Wie sind die Ressorts strukturiert? Gibt es Sonderseiten?
- Wie ist das mediale Umfeld in der Region? Gibt es eine starke Tagespresse bzw. Konkurrenzmedien? Wie hoch ist die Nutzungsintensität, wie die Leserstruktur? In welchen Titeln inserieren Konkurrenten?
- Ist der Titel nach ADA-Auflagenkontrolle der Anzeigenblätter geprüft? Ist der Herausgeber BVDA-Mitglied? (1)

Fallbeispiele

Mit einer Auflage von 1,46 Millionen Exemplaren behauptet sich die die Berliner Woche im **Ranking** der größten Anzeigenzeitungen Deutschlands gegen das Berliner Abendblatt (1,24 Millionen Exemplare) und das Hamburger Wochenblatt (1,1 Millionen). Auflagenstärkstes Anzeigenblatt im ländlichen Raum ist mit rund 992 000 Exemplaren das Landshuter Wochenblatt. (2)

Der BVDA zeichnet Anzeigenzeitungen mit erfolgreichem, bürgernahen Konzept lokaler Informationsvermittlung mit dem **Durchblick-Preis** aus. 61 Verlage aus ganz Deutschland reichten in diesem Jahr 180 Anzeigenzeitungen ein, die nach den Kriterien Aufmachung, Service- und Ratgeberfunktion, journalistische Leistung und Anzeigen bewertet wurden. Der erste Peis ging an den Sonntags-Report aus dem ostfriesischen Leer für seine lebhafte Darstellung des Geschehens in der Region aus, die auch Themen wie Heimat, Sorgen und Freuden der Bürger miteinbezieht. Gelobt wurde die Präsentation des Lesestoffs für die ganze Familie mit Freizeittipps für junge Menschen, die solide Sportberichterstattung sowie der umfangreiche Serviceteil mit Notdiensthinweisen, dem aktuellen Fernsehprogramm, Buchreport, Horoskop,

Wochenterminen und Geschenktipps. Mit über 100 000 zugestellten Exemplaren jeden Sonntag erreicht das Anzeigenblatt fast jeden Haushalt im Verbreitungsgebiet. Mit dem zweiten Platz wurde die Berliner Woche für ihre bürgernahe Berichterstattung und ihre starke Leser-Blatt-Bindung ausgezeichnet. Als beispielhaft lobte die Jury die Aktion Schreiben Sie für uns!, in deren Rahmen die Leser eine Ausgabe aktiv mitgestalteten und Beiträge veröffentlichen. Den dritten Platz belegte der Wochentip aus dem westfälischen Lippstadt, der für seine spannende Lokalberichterstattung und seine Servicethemen gelobt wurde. (7)

Weiterführende Literatur

(1) Nur Lokales ist Bares
aus acquisa, Vol. 55, Heft 08/2007, S. 26-27

(2) Die Macher werden im Aufwärtstrend nicht übermütig
aus Absatzwirtschaft Nr. 07 vom 01.07.2007 Seite 082

(3) Quo vadis, Saturn?
aus W&V Online-Magazin vom 25.04.2007

(4) Werbung erwünscht
aus acquisa, Vol. 55, Heft 10/2007, S. 62-63

(5) Der ideale Werbeträger

aus HORIZONT BVDA Special vom 11.10.2007 Seite 016

(6) Schmidt, Adelinde, Nur keine Lücken lassen, werben und verkaufen, Nr. 39, 27.09.2007, S. 124
aus werben und verkaufen Nr. 39 vom 27.09.2007 Seite 124

(7) Spannender Lesestoff aus der Region
aus HORIZONT BVDA Special vom 11.10.2007 Seite 027

Impressum

Werbung erwünscht - Anzeigenzeitungen im Aufwind

Bibliografische Information der deutschen Nationalbibliothek

Die Deutsche Nationalbibliothek verzeichnet diese Publikation in der deutschen Nationalbibliografie; detaillierte bibliografische Daten sind im Internet über http://dnb.d-nb.de abrufbar.

ISBN: 978-3-7379-0746-0

© 2015 GBI-Genios Deutsche Wirtschaftsdatenbank GmbH, Freischützstraße 96, 81927 München, www.genios.de

Alle Rechte vorbehalten. Dieses Werk ist einschließlich aller seiner Teile – z.B. Texte, Tabellen und Grafiken - urheberrechtlich geschützt. Jede Verwertung außerhalb der Grenzen des Urheberrechtsgesetzes bedarf der vorherigen Zustimmung des Verlags. Dies gilt insbesondere auch für auszugsweise Nachdrucke, fotomechanische Vervielfältigungen (Fotokopie/Mikroskopie), Übersetzungen, Auswertungen durch Datenbanken oder ähnliche Einrichtungen und die Einspeicherung und Verarbeitung in elektronischen Systemen.